SOMOS UN ARCO IRIS
WE ARE A RAINBOW

escrito e ilustrado por
written and illustrated by
Nancy María Grande Tabor

 Charlesbridge

For Lynn and everyone who reaches out to bridge cultures

Other bilingual books by Nancy María Grande Tabor

ALBERTINA ANDA ARRIBA : EL ABECEDARIO
Albertina Goes Up : An Alphabet Book

CINCUENTA EN LA CEBRA : CONTANDO CON LOS ANIMALES
Fifty on the Zebra : Counting with the Animals

EL GUSTO DEL MERCADO MEXICANO
A Taste of the Mexican Market

Published by Charlesbridge Publishing, 85 Main Street,
Watertown, MA 02472 • (617) 926-0329
www.charlesbridge.com

Library of Congress Cataloging-in-Publication Data
Tabor, Nancy.
    Somos un arco iris = We are a rainbow / by Nancy María Grande Tabor.
        p. cm.
    ISBN 0-88106-813-6 : (softcover)
    1. School children—Social conditions—Juvenile literature.
2. Multicultural education—Juvenile literature. 3. Individuality in children—
Juvenile literature. [1. Individuality.   2. Ethnology.] I. Title. II. Title: We are
a rainbow
LC208.T32 1995
370.19'341—dc20   94-27208
                                                                              CIP
                                                                              AC

Printed in the United States of America
10 9 8

Printed on Recycled Paper

Nos vamos a otro país.

We are moving to a new country.

Lugares nuevos. Caras nuevas.

New places. New faces.

¡Tantas cosas nuevas y diferentes!

So many new and different things!

De donde vengo, se ve un conejo en la luna.

Where I come from, there
is a rabbit in the moon.

Aquí se ve un hombre en la luna.

Here there is a man in the moon.

Allá el mar es agradable y tibio.

There the ocean is nice and warm.

Aquí el mar es agradable y fresco.

Here the ocean is nice and cool.

Allá se movían las hojas de la palmera que estaba junto a mi casa rosada de adobe.

There the leaves of the palm tree swayed next to my pink adobe house.

Aquí se mueven las ramas del roble que está junto a mi casa azul de madera.

Here the oak branches wave next to my blue wooden house.

Allá damos apretones de manos,
abrazos y besos a todo el mundo.

There we give handshakes, hugs,
and kisses to everyone.

Aquí los apretones de manos son para la gente desconocida, y los abrazos y besos son para las personas muy especiales.

Here handshakes are for new people and hugs and kisses for very special ones.

Allá comería tortillas para el desayuno.

There I would eat tortillas for breakfast.

Aquí la gente las come para la cena.

Here people have them for dinner.

A ti quizás yo te parezco diferente.

To you, I may seem different.

Pero tú también me pareces diferente.

But to me, you seem different, too.

Yo me esfuerzo por entender lo que tú dices.

I try hard to understand what you say.

Tú también tratas de entenderme.

You try to understand me, too.

Cuando no nos entendemos, nos sentimos mal. Nos peleamos. Nos lastimamos. Lloramos.

When we do not understand each other, we feel bad. We fight. We hurt. We cry.

Nos separamos.
Dejamos de buscar una manera
de estar juntos.

We separate.
We stop trying to find a way
to be together.

Separados. Solos. Por favor, deténte y piensa.

Apart. Alone. Please stop and think.

¿Somos tan diferentes de como pensamos?

Are we as different as we think?

Yo digo *sol*. Tú dices *sun*.

I say *sol*. You say *sun*.

No importa como lo llamemos, es el mismo.

But no matter how we say it,
it is the same one.

A todos nos gusta correr y jugar.

We all like to run and play.

A todos nos gusta bailar y cantar.

We all like to dance and sing.

De veras tenemos mucho en común.

We really are so much the same.

Y es mucho más divertido estar juntos – para compartir, para querer, para sonreír, y para reír.

And it is much more fun to be together – to share, to care, to smile, and to laugh.

Nuestras lágrimas y sonrisas son
como la lluvia y el sol.

Our tears and our smiles are
like the rain and the sun.

Nos ayudan a cultivar las amistades.

They help our friendships to grow.

Y las amistades son como un arco iris . . .
¡brillan para todo el mundo!

2090

And friendships are like rainbows . . .
they shine for everyone!